CalmeMara-Bücher tun Gutes:

Mit jedem Kauf bei uns unterstützt du die Tiere vom Begegnungs- und Gnadenhof Dorf Sentana in Bielefeld. Denn einen Teil unserer Erlöse spenden wir direkt an die Sentana Stiftung. Das Dorf ist übrigens nach der Hündin Senta benannt, die ebenso wie Cricket ein Golden Retriever war. Wir sind uns sicher, dass auch Senta Larry sofort in ihr Herz geschlossen hätte.
Mehr dazu unter www.sentana-stiftung.com

CalmeMara-Bücher schützen die Umwelt:

Unsere Bücher werden ausschließlich in Deutschland hergestellt. Durch die Verwendung von veganen ÖKO-Druckfarben auf Pflanzenölbasis und FSC®-Papier aus nachhaltiger Forstwirtschaft schonen wir Ressourcen und Gesundheit. Damit unsere Bücher lange leben, ohne der Umwelt zu schaden, setzen wir Drucklack auf Wasserbasis und eine kompostierbare ECO-Schutzkaschierung ein. Dieses Buch wurde klimaneutral gedruckt. Zum Ausgleich der angefallenen CO_2-Emissionen unterstützen wir ein Aufforstungsprojekt in Uganda.

Text: Christine Hill
Illustration und Gestaltung: Olya Anima und Moran Reudor
Übersetzung: Hannah Schenk
Korrektorat: Helge Pfannenschmidt
Druck und Bindung: Kirchner Print.Media, Kirchlengern
Printed in Germany

ISBN: 978-3-948877-22-4

Besuch uns im Internet: www.calmemaraverlag.de

Larry und Cricket
Eine außergewöhnliche Freundschaft

DANKE
Danke, Mum und Dad, dass ihr mir erlaubt habt, all die heimatlosen Tiere
mit nach Hause zu bringen.
Danke, Matt, dass du akzeptierst, dass ich das auch heute noch mache.
Danke, Cosmo und Jasper, dass ihr in meine Fußstapfen tretet.

Christine Hill

»Was machen wir heute?«,
fragt Cricket, als er mal wieder viel
zu früh für einen Sonntagmorgen
aufs Bett springt.

»Da draußen wartet jede Menge
Spaß auf uns. Die ganze Welt
wartet darauf, entdeckt zu werden.
Und ihr liegt immer noch im Bett!

Lasst uns frühstücken! Frühstück
mag ich am **ALLERLIEBSTEN!**
Naja ... genau so sehr wie Mittagessen,
Abendessen und Snacks natürlich.«

»Schneller! Beeilt euch! Es gibt
so viel zu tun«, sagt Cricket.
»Spazieren gehen, schwimmen, ein
Nickerchen machen, essen ... hatte
ich frühstücken erwähnt?«

»Juhu, Mama hält schon den
Autoschlüssel in der Hand!«,
stellt Cricket aufgeregt fest.

»Ich liebe Autos. Autofahren mag
ich am ALLERLIEBSTEN!«

»Es gibt so viel zu sehen«, ruft Cricket aus dem Autofenster. »Schaut mal! Da ist ein Baum, ein Haus, ein Briefkasten, ein Vogel, noch ein Baum, noch ein Baum, noch ein Baum, ein Flohmarkt ...

Moment mal! Anhalten! Flohmärkte mag ich am ALLERLIEBSTEN!«

»Mama sagt immer, jeder darf sich nur eine Sache aussuchen.«

»Hm ... Ich sollte mir das also ganz genau überlegen.

Hey, was ist das für ein außergewöhnlicher Geruch?«

»Wow, was bist du denn?«, fragt Cricket.

»Ich bin eine Schildkröte«, antwortet das andere Tier traurig.

»Und wie heißt du?«, will Cricket wissen.

»Ich habe keinen Namen. Und ein Zuhause habe ich auch nicht.«

»Oh, das passt super! Denn zufällig brauche ich dringend eine Schildkröte!«

»Guck mal, Mama, ich habe ein Buch gefunden.«

»Ich habe ein Alien gefunden.«

»Und ich habe eine Schildkröte gefunden.«

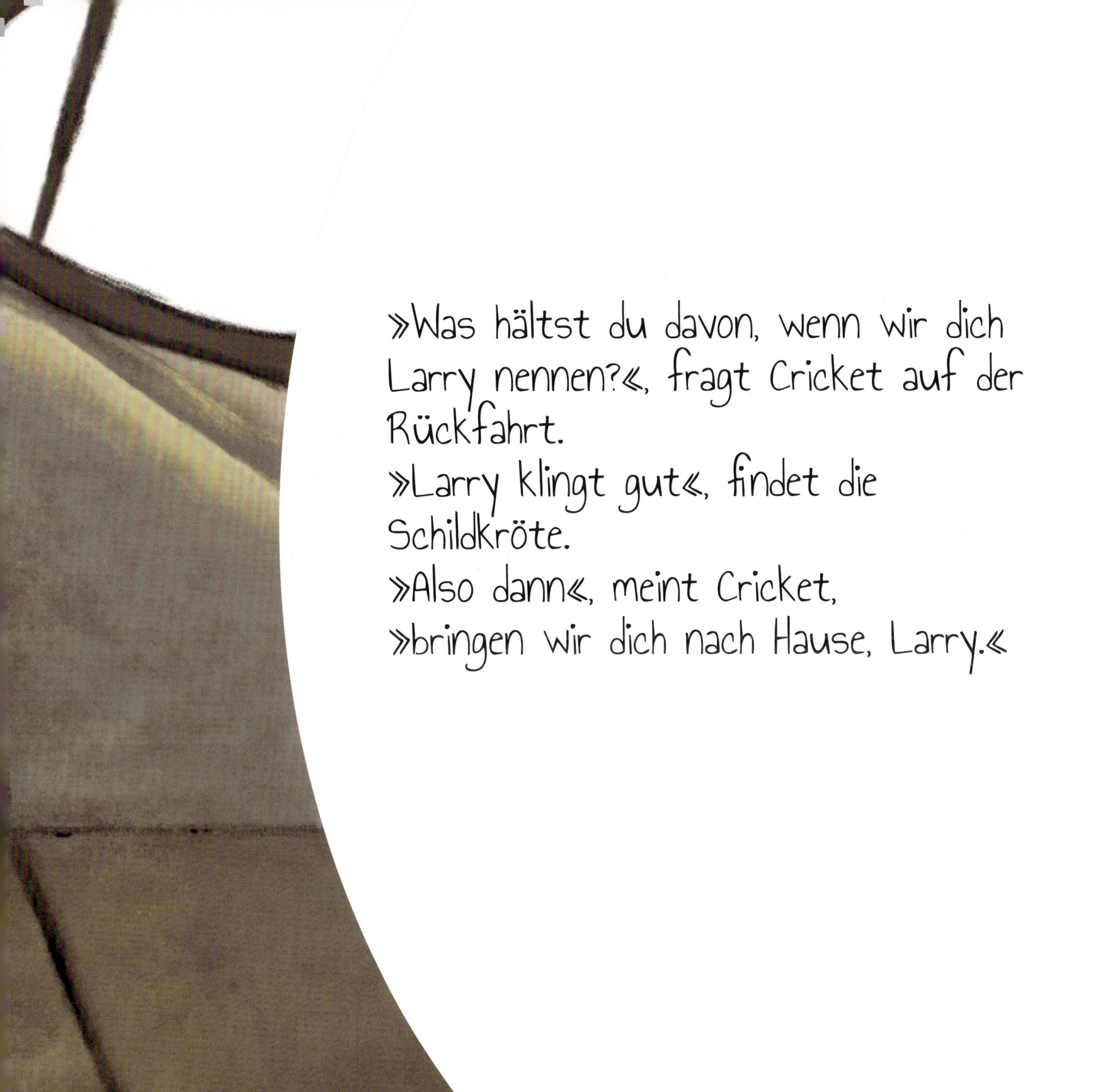

»Was hältst du davon, wenn wir dich
Larry nennen?«, fragt Cricket auf der
Rückfahrt.
»Larry klingt gut«, findet die
Schildkröte.
»Also dann«, meint Cricket,
»bringen wir dich nach Hause, Larry.«

»Zuerst spielen wir Ball, Larry!«, verkündet Cricket.

»Ball spielen mag ich am ALLERLIEBSTEN!«

»Hm ... lass mich nachdenken.
Vielleicht besorge ich dir fürs
nächste Mal einen Baseball-
handschuh.
Dann klappt es bestimmt!«

»Als Nächstes gehen wir schwimmen«,
erklärt Cricket.

»Schwimmen mag ich am
ALLERLIEBSTEN!«

»Ich denke, ich gebe dir beim nächsten Mal Schwimmflügel. Dann müsste es gehen!«

»Hast du schon mal Wassermelone gegessen?«, fragt Cricket.

»Ich bin mir sicher, das wirst du lieben, auch wenn es dabei manchmal ganz schön matschig zugeht. Wassermelone mag ich am ALLERLIEBSTEN!«

»Hm ... warte kurz! Genau!
Nächstes Mal ziehe ich dir
einen Regenmantel an!«

»Okay, Larry, ich bin mir absolut sicher, dass du Skateboardfahren lieben wirst«, sagt Cricket.

»Skateboardfahren mag ich nämlich am **ALLERLIEBSTEN!**«

»Ich hab's! Beim nächsten Mal
fahren wir zusammen, Larry.
Das wird viel lustiger!«

»Lass uns spazieren gehen, Larry«, schlägt Cricket vor.

»Du wirst Spaziergänge lieben. Spaziergänge mag ich am ALLERLIEBSTEN!«

»Ich weiß genau, was du brauchst, Larry: Turnschuhe! Die würden dir super stehen.«

»Larry?«, fragt Cricket schließlich.
»Was magst DU am
ALLERLIEBSTEN?«

»Bei dir zu sein, Cricket«, antwortet Larry.
»Das mag ich am allerliebsten.«

Pssst ... Auf jeder Seite in diesem Buch hat sich
ein Freundschaftsherz versteckt. Findest du sie alle?

Entdecke weitere ziemlich wahre Geschichten!

Heute fährt Elsa zum ersten Mal in ihrem Leben in einem LKW – das klingt nach Abenteuer. Aber Elsa fühlt sich gar nicht wohl. Als die Tür geöffnet wird, rennt sie deshalb einfach davon. Sie rennt und rennt so schnell sie kann, bis in den Wald. Hier gefällt es Elsa. Sie beschließt, eine Waldkuh zu werden. Doch das ist gar nicht so einfach, wie sie sich das vorgestellt hat … Diese ziemlich wahre Bilderbuchgeschichte erzählt von Kuh Elsa, die vom Schlachthof ausgebüxt ist und nun im Dorf Sentana lebt.

CHRISTIANE WITTENBURG
LINDA MIELECK

Elsa büxt aus
Eine ziemlich wahre Geschichte

Ab 4 Jahren
HARDCOVER 25 S. / 20 x 24,5 cm
PREIS: 14,95 €
ISBN: 978-3-948877-03-3

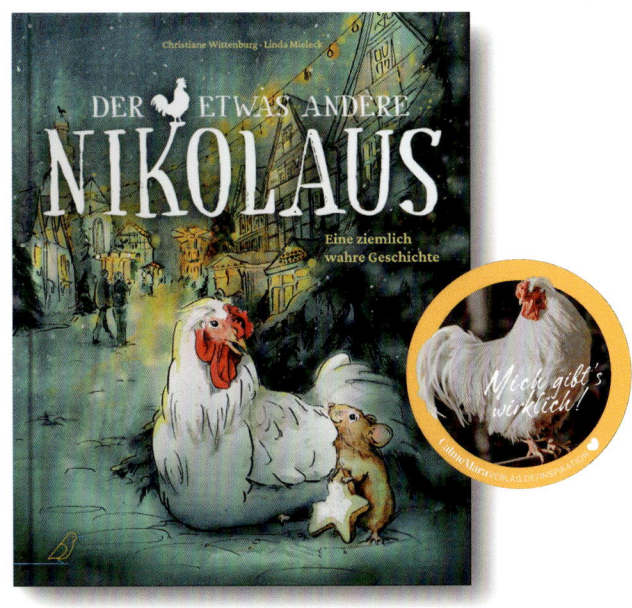

Für Hahn Nikolaus startet die Weihnachtszeit mit einer Katastrophe: Sein Besitzer hat ihn am Stadtrand ausgesetzt, weil er keine Eier legen kann. Verzweifelt irrt der Hahn durch die Straßen und sucht nach seinem Platz im Weihnachtswirbel. Gerade als Nikolaus aufgeben möchte, begegnet er einigen aufgeregten Hühnerdamen. Ob die ihm weiterhelfen können?

Hansi staunt: Da will doch tatsächlich jemand ein Buch über sein Leben schreiben! Bei einem ausgiebigen Schlammbad taucht der Schweineopa in Erinnerungen ein. Das Bilderbuch (voller Schlammspritzer!) erzählt kindgerecht die berührende Lebensgeschichte eines echten Charakterschweins.

CHRISTIANE WITTENBURG
LINDA MIELECK

Der etwas andere Nikolaus
Eine ziemlich wahre Geschichte

Ab 4 Jahren
HARDCOVER 32 S. / 20 x 24,5 cm
PREIS: 14,95 €
ISBN: 978-3-948877-17-0

SANDRA NIERMEYER
LINDA MIELECK

Ein Buch für Hansi
Eine ziemlich wahre Geschichte

Ab 4 Jahren
HARDCOVER 38 S. / 20 x 24,5 cm
PREIS: 14,95 €
ISBN: 978-3-948877-20-0

Jetzt bestellen auf:
 calmemaraverlag.de/shop